Fleisch S.2

Geflügel S.27

Fisch S.44

Fleisch-Tajine mit Mandeln

für 4-5 Personen

- *1 große Zwiebel, gehackt*
- *75 ml Öl*
- *3 gepresste Knoblauchzehen*
- *Pfeffer und Salz*
- *1 Teelöffel Ingwer*
- *¼ Teelöffel Paprikapulver*
- *ein paar Safranfäden*
- *1 kg Tajine-Fleisch*
- *1 ¼ l Wasser*

zum Garnieren :

- *2 kleine Tassen Mandeln*

Zubereitung :

Die Zwiebel, Knoblauch, Salz, Pfeffer, Ingwer, Paprikapulver, die Safranfäden und das Fleisch auf kleiner Flamme mit etwas Öl in einem Kochtopf anbraten.

Sobald die Zwiebelstückchen glasig werden und das Fleisch anbräunt, das Wasser zugießen. Abgedeckt etwa 40 Minuten garen lassen. Darauf achten, daß ein wenig Flüssigkeit übrig bleibt.

Die Mandeln blanchieren, schälen und trocken tupfen. Anschließend frittieren.

Zum Servieren das Fleisch auf einen Teller geben, Soße darüber gießen und mit den frittierten Mandeln bestreuen.

Fleisch-Tajine mit Zwiebeln und Rosinen

für 4 Personen

- *4 fein geschnittene Zwiebeln*
- *75 ml Öl*
- *1 Zimtstange*
- *4 gepresste Knoblauchzehen*
- *Salz*
- *1 Teelöffel Ingwer*
- *etwas Safranpulver*
- *ein paar Safranfäden*
- *1 kg Tajine-Fleisch*
- *1 l Wasser*
- *1 Teelöffel Zimtpulver*
- *3 Eßlöffel Streuzucker*
- *250 g Rosinen*

Zubereitung :

Die Zwiebeln, die Zimtstange, Knoblauch, Salz, Ingwer, Safranfäden und -pulver auf kleiner Flamme mit etwas Öl in einem Kochtopf anbraten. Das Fleisch hinzufügen und von Zeit zu Zeit umrühren. Sobald die Zwiebeln glasig werden, das Wasser dazu gießen. Abdecken und garen lassen.

Nach 40 Minuten das Zimtpulver, Zucker und Rosinen hinzufügen. Alles zusammen weiter garen und etwas Flüssigkeit zum Servieren übrig lassen.

Zum Servieren das Fleisch auf einen Teller geben, mit der Soße begießen und den Rosinen bestreuen.

Fleisch-Tajine mit gehackten grünen Oliven (Meslalla)

für 4 Personen

- *1 Zwiebel, gehackt*
- *75 ml Öl*
- *3 gepresste Knoblauchzehen*
- *1 kg Tajine-Fleisch*
- *Salz*
- *1 Teelöffel Ingwer*
- *etwas Safran-Pulver*
- *1 l Wasser*
- *2 Tassen Meslalla-Oliven*
- *1 Teelöffel Kreuzkümmel*
- *1 Teelöffel Paprika-Pulver*
- *1 Eßlöffel gehackte Petersilie*
- *Schale einer eingelegten Zitrone in Streifen*

zum Garnieren :

- *Spalten eingelegter Zitrone*

Zubereitung :

Die Zwiebel, Knoblauch und Fleisch auf mittlerer Flamme mit etwas Öl in einen Kochtopf geben. Alles anbraten und anschließend das Salz, Ingwer und Safran hinzufügen. Regelmäßig umrühren, bis die Zwiebelstückchen glasig werden und die Zutaten gut vermischt sind. Das Wasser zugießen und bei größerer Hitze in geschlossenem Topf 35 Minuten garen lassen.

Die Oliven entsteinen und 5 Minuten pochieren, um ihnen etwas Säure zu nehmen.

Die Oliven mit dem Kreuzkümmel, Paprikapulver, Petersilie, den Zitronenstreifen (wenn nötig auch noch etwas Wasser) in den Topf geben und abgedeckt weitere 10 Minuten garen.

Dic Flcisch-Tajine mit den Zitronenspalten garniert und mit einem Salat nach Wahl servieren.

Fleisch-Tajine mit Blumenkohl

für 4-5 Personen

- *1 kg Fleisch*
- *75 ml Öl*
- *Salz*
- *1 Zwiebel, gehackt*
- *4 gepresste Knoblauchzehen*
- *1 Teelöffel Ingwer*
- *etwas Safran-Pulver*
- *1 ¼ l Wasser*
- *1 kg Blumenkohl*
- *2 Eßlöffel Zitronensaft*

zum Garnieren :

- *1 Teelöffel gehackte Petersilie*

Zubereitung :

Das Fleisch mit Salz, der Zwiebel, Knoblauch, Ingwer und Safran auf kleiner Flamme in etwas Öl anbraten. Von Zeit zu Zeit umrühren, bis die Zutaten angebräunt sind. Das Wasser zugießen und abgedeckt 35 Minuten köcheln lassen. Wenn nötig, mehr Wasser zugeben.

Den Blumenkohl in kleine Röschen zerteilen und waschen. Mit Zitronensaft zum Fleisch geben. 15 Minuten garen.

Das Fleisch in einer Schüssel anrichten, Blumenkohl darüber geben und mit gehackter Petersilie garnieren.

Fleisch-Tajine mit Wildartischocken

für 4-5 Personen

- *2 Zwiebeln, gehackt*
- *750 g Fleisch*
- *150 ml Öl*
- *2 gepresste Knoblauchzehen*
- *Salz*
- *1 Teelöffel Ingwer*
- *1 Teelöffel Pfeffer*
- *etwas Safranpulver*
- *1 ½ l Wasser*
- *1 kg Wildartischocken*
- *½ Zitrone*
- *1 Teelöffel gehackter Koriander*

Zubereitung :

Die Zwiebelstückchen und das Fleisch im Öl anbraten, bis die Zwiebeln glasig werden. Dabei regelmäßig umrühren. Knoblauch, Salz, Ingwer, Pfeffer und den Safran zugeben. Die Zutaten zu einer homogenen Masse verrühren, das Wasser hinzu gießen und 50 Minuten kochen.

Die Blätter der Artischocken abzupfen, den Bart entfernen und sie in Zitronenwasser legen, damit sie sich nicht verfärben.

Die Artischocken, Koriander und 1 Teelöffel Zitronensaft in den letzten 10 Minuten mitköcheln. Beobachten, wann das Fleisch den richtigen Garpunkt erreicht hat.

Als Hauptgang heiß servieren. Dazu einen Salat nach Wahl reichen.

Fleisch-Tajine mit Zwiebeln und Tomaten

für 4 Personen

- *1 kg Fleisch*
- *75 ml Öl*
- *1 Zwiebel, gehackt*
- *Salz*
- *3 gepresste Knoblauchzehen*
- *etwas Safranpulver*
- *1 Teelöffel Ingwer*
- *½ Teelöffel Pfeffer*
- *1 l Wasser*
- *2 Zwiebeln, in Ringe geschnitten*
- *4 Tomaten, in Scheiben geschnitten*
- *1 Teelöffel gehackte Petersilie*

Das Fleisch mit der Zwiebel und dem Öl bei mittlerer Hitze in einem Topf anbraten. Anschließend salzen. Knoblauch und Gewürze zugeben. Von Zeit zu Zeit umrühren. Wenn die Zwiebelstückchen glasig und alle Zutaten gut vermischt sind, das Wasser in den Topf gießen, alles abdecken und 35 Minuten garen.

Die Zwiebelringe, Tomaten, Petersilie (und gegebenenfalls etwas Wasser) hinzufügen. Wieder abdecken und 15 Minuten köcheln lassen. Es sollte ein wenig Flüssigkeit übrig bleiben.

Das Fleisch mit Zwiebeln und Tomaten auf einen Teller geben und mit der Soße übergießen. Mit einem Salat servieren.

Fleisch-Tajine mit Erbsen und Karotten

für 4-5 Personen

- *1 kg Fleisch*
- *75 ml Öl*
- *1 Zwiebel, gehackt*
- *3 gepresste Knoblauchzehen*
- *Salz*
- *etwas Safranpulver*
- *1 Teelöffel Ingwer*
- *1 ¼ l Wasser*
- *1 kg Karotten*
- *1 kg Erbsen*

Das Fleisch waschen, mit der Zwiebel, Knoblauch und dem Öl bei mittlerer Hitze in einen Topf geben. Das Salz, Safran und Ingwer unter ständigem Rühren zufügen. Sobald die Zwiebelstückchen glasig werden und die Zutaten gut vermischt sind, das Wasser hinzu gießen, abdecken und 40 Minuten garen.

Die Karotten waschen, schälen und halbieren. Das Innere herausnehmen und in halbe Ringe schneiden. Mit den Erbsen zusammen in den Topf geben. (Gegebenenfalls Wasser zugießen.) Abgedeckt 20 Minuten garen.

Das Fleisch auf einen Teller geben, mit Soße übergießen und mit dem Gemüse garnieren. Die Tajine mit einem Salat nach Wahl servieren.

Fleisch-Tajine mit Fenchel

für 4-6 Personen

- *1 kg Fleisch*
- *75 ml Öl*
- *3 gepresste Knoblauchzehen*
- *1 Zwiebel, gehackt*
- *Salz*
- *etwas Safranpulver*
- *1 Teelöffel Ingwer*
- *1l Wasser*
- *1kg Fenchel*
- *2 Eßlöffel Zitronensaft*

zum Garnieren :

- *1 Teelöffel gehackte Petersilie*

Zubereitung :

Das Fleisch waschen. In einem Topf auf kleiner Flamme im Öl anbraten. Knoblauch, die Zwiebelstückchen, Salz, Safran und Ingwer zugeben. Die Zwiebeln sollten glasig werden und das Fleisch leicht anbräunen. Regelmäßig umrühren.

Das Wasser zugießen, abdecken und 35 Minuten bei größerer Hitze garen. In der Zwischenzeit Fenchel putzen, waschen und klein schneiden.

Fenchel und gegebenenfalls noch etwas Wasser in den den Topf geben, abgedeckt weitere 15 Minuten garen und abschließend mit Zitronensaft abschmecken.

Zuerst das Fleisch auf einen Teller geben, mit Fenchel garnieren und Petersilie bestreuen.

Fleisch-Tajine mit Saubohnen

für 4-6 Personen

- *1 kg Fleisch*
- *75 ml Öl*
- *Salz*
- *1 Zwiebel, gehackt*
- *3 gepresste Knoblauchzehen*
- *Safranpulver*
- *1 Teelöffel Ingwer*
- *1 ¼ l Wasser*
- *1,5 kg grüne Saubohnen*
- *1 Eßlöffel Zitronensaft*

zum Garnieren :

- *4 Spalten einer eingelegten Zitrone*
- *rote Oliven*

Zubereitung :

Das Fleisch mit dem Öl, Knoblauch und Zwiebel bei mittlerer Hitze in einem Topf anbraten und salzen. Safran und Ingwer einrühren. Dann das Wasser zugießen und abgedeckt bei stärkerer Hitze das Fleisch etwa 45 Minuten lang fertig garen.

In der Zwischenzeit die Bohnen putzen, entstielen und am Ende einschneiden.

Die Bohnen in den letzten 15 Minuten abgedeckt mitkochen. Gleichzeitig den Zitronensaft und gegebenenfalls Wasser zugeben.

Das Fleisch und die Bohnen auf einem Teller anrichten und mit den Zitronenspalten sowie den Oliven garnieren.

Fleisch-Tajine mit Karden (Guernina)

für 4 Personen

- *750 g Rindfleisch*
- *knapp 40 ml Speiseöl*
- *knapp 40 ml Olivenöl*
- *1 mittelgroße Zwiebel, gerieben*
- *etwas Salz*
- *etwas Pfeffer*
- *¼ Teelöffel Ingwer*
- *etwas Safranpulver*
- *4 gepresste Knoblauchzehen*
- *1 l Wasser*
- *2 Bund Karden*
- *2 Eßlöffel Zitronensaft*
- *½ Zitrone*

zum Garnieren :

- *eingelegte Zitrone*
- *Petersilie, gehackt*

Zubereitung :

Das Fleisch nach dem Waschen mit dem Öl, Zwiebel, Salz, Knoblauch und den Gewürzen in einen Topf geben. Das Fleisch bei mittlerer Hitze anbräunen und alle Zutaten gut miteinander verrühren. Das Wasser zugießen, abdecken und 45 Minuten garen (gegebenenfalls mehr Wasser zugeben).

In der Zwischenzeit die Karden putzen :
Die äußeren Blätter und Fäden an den Rippen entfernen. In Streifen schneiden und in Zitronenwasser legen.

Die Karden mit dem Zitronensaft in den Topf geben und 15 Minuten garen.
Das Fleisch und Karden auf einem Teller anrichten, mit den Stücken einer eingelegten Zitrone und Petersilie garnieren.

Statt Rindfleisch kann man auch Hammelfleisch verwenden.

Fleisch-Tajine mit Auberginen

für 6 Personen

- *1,5 kg Fleisch*
- *120 ml Öl*
- *1 Zwiebel, gehackt*
- *3 gepresste Knoblauchzehen*
- *Salz*
- *1 Teelöffel Ingwer*
- *etwas Safranpulver*
- *1 ¼ l Wasser*
- *½ kg Silberzwiebeln*
- *½ kg Auberginen*
- *1 gequirltes Ei*
- *2 Tassen Mehl mit ½ Päckchen Backpulver vermischt*

eingekochte Tomaten :

- *750 g Tomatenwürfel*
- *½ Zwiebel, gerieben*
- *2 Eßlöffel Öl*
- *etwas Salz*
- *1 Teelöffel Zimtpulver*
- *3 Eßlöffel Streuzucker*

Zubereitung :

Das Fleisch mit dem Öl, Zwiebel, Knoblauch, Salz, Ingwer und Safran in einen Topf geben. Bei mittlerer Hitze erwärmen, bis die Zwiebeln glasig werden.

Mit Wasser aufgießen, zudecken und 45 Minuten kochen. Die Silberzwiebeln und gegebenenfalls noch etwas Wasser zugeben und weitere 15 Minuten köcheln lassen.

Einkochen der Tomaten : Tomatenwürfel mit geriebener Zwiebel, Öl, Salz, Zimt und Zucker in eine Pfanne geben. Unter ständigem Rühren erhitzen, bis die gesamte Flüssigkeit verdunstet und die Tomaten gekocht sind.

Die Auberginen waschen, in Scheiben schneiden und salzen. Jede Scheibe in das gequirlte Ei tauchen und mit der Mehl-Backpulver-Mischung bestäuben. Die Auberginen in heißem Öl ausbacken.

Das Fleisch mit Soße übergießen, dazu die Auberginenscheiben anrichten und mit den eingekochten Tomaten sowie den kleinen Zwiebeln garnieren.

Fleisch-Tajine mit Paprika

für 4 Personen

- *750 g Fleisch ohne Knochen*
- *2 Eßlöffel Butter*
- *2 Lorbeerblätter*
- *4 gepresste Knoblauchzehen*
- *2 Zwiebeln, in Ringe geschnitten*
- *Salz und Pfeffer*
- *250 ml Wasser*
- *1 grüne Paprika, in Ringe geschnitten*
- *1 rote Paprika, in Ringe geschnitten*
- *1 gelbe Paprika, in Ringe geschnitten*
- *1 Dose Pilze (140 g)*
- *1 Teelöffel gehackte Petersilie*

Zubereitung :

Das Fleisch mit der Butter, Lorbeerblättern, Knoblauch und Zwiebelringen auf kleiner Flamme in einem Topf anbraten. Mit Salz und Pfeffer würzen. Das Wasser zugießen.

Das Fleisch 35 Minuten garen lassen, die Paprikaringe und Pilze zugeben. Zunächst abgedeckt erhitzen, dann im offenen Topf reduzieren.

Das Fleisch auf einem Teller anrichten, mit etwas Soße übergießen und mit Paprika und Petersilie garnieren.

Fleisch-Tajine "kedra"

für 4 Personen

- *1 kg Fleisch*
- *3 Zwiebeln*
- *100 g Butter*
- *Salz und Pfeffer*
- *1 Teelöffel Ingwer*
- *etwas Safranpulver*
- *ein paar Safranfäden*
- *2 Tassen blanchierte und geschälte Mandeln*
- *2 l Wasser*
- *2 Tassen Reis*
- *etwas Safranpulver*
- *1 Teelöffel Butter*

Die Zwiebeln fein schneiden, mit der Butter, Salz, Pfeffer, Ingwer, Safranpulver und den Safranfäden in einem Topf anbraten, bis die Zwiebelstückchen glasig werden. Dabei regelmäßig rühren.

Dann das Fleisch in Stücken zugeben und die Mandeln einrühren, bis alle Zutaten gut vermischt sind. Das Wasser in den Topf gießen, abdecken und 45 Minuten garen lassen. Den Garpunkt zwischendurch überprüfen.

Reiszubereitung :
Den Reis in einen Topf geben, vier Tassen Fleischbrühe, Safran, Salz, Pfeffer und Butter zufügen. Auf kleiner Flamme köcheln lassen, bis der Reis gar ist.

Das Fleisch zum Servieren mit dem Reis sowie den Mandeln anrichten und mit Soße übergießen.

Fleisch-Tajine mit Datteln

für 4 Personen

- *1 kg Fleisch*
- *75 ml Öl*
- *1 Zwiebel, gehackt*
- *1 Teelöffel Zimtpulver*
- *1 Teelöffel Pfeffer*
- *Salz*
- *etwas Safranpulver*
- *ein paar Safranfäden*
- *1 l Wasser*
- *2 Tassen entsteinte Datteln*
- *2 Eßlöffel Honig*

zum Garnieren :
- *ein paar Datteln mit Walnuß-Füllung*

Die Zwiebelstückchen in einen Topf geben und bei mittlerer Hitze im Öl anbraten.

Die Fleischstücke, Zimt, Pfeffer, Salz, Safranpulver und -fäden zugeben. Das Fleisch anbräunen und dabei von Zeit zu Zeit umrühren. Das Wasser in den Topf gießen, abdecken und 35 Minuten garen. Gegebenenfalls mehr Wasser zugießen.

Die Datteln und den Honig in den Topf geben. Abgedeckt weitere 15 Minuten köcheln lassen.

Die Tajine mit den gefüllten Datteln garniert servieren.

Fleisch-Tajine mit kleinen Quitten (lquim) und Okraschoten (mlokhiyas)

für 4-5 Personen

- *2 Zwiebeln, gehackt*
- *750 g Fleisch*
- *150 ml Olivenöl*
- *Salz nach Belieben*
- *1 Teelöffel Ingwer*
- *etwas Safranpulver*
- *ein paar Safranfäden*
- *1 ¼ l Wasser*
- *1 Tomate, gewürfelt*
- *125 g Okraschoten (mlokhiyas)*
- *500 g kleine Quitten (lquim)*

Zubereitung :

1- Fleisch und Zwiebeln in einen Schnellkochtopf geben und auf kleiner Flamme im Öl anbraten. Salz, Ingwer, Safranpulver und -fäden hinzufügen und unter Rühren erhitzen, bis die Zwiebelstückchen glasig werden. Etwas stärker erhitzen und die Tomatenwürfel sowie das Wasser zugeben. Abgedeckt 45 Minuten kochen.
2- In der Zwischenzeit die Okraschoten waschen und die Stiele entfernen. Etwas Flüssigkeit aus dem Schnellkochtopf in einen weiteren Topf geben und die Okraschoten 15 Minuten darin kochen.
Die Quitten waschen, halbieren und entkernen. Damit sie sich nicht verfärben, in Zitronenwasser beiseite stellen.
In den letzten 15 Minuten mit dem Fleisch zusammen im geschlossenen Topf garen.

Das Fleisch auf einen Teller geben und mit Soße übergießen. Dazu die Quitten und Okraschoten anrichten. Heiß und mit einem Salat nach Wahl servieren.

Tajine "Essaouira" mit siebenerlei Gemüse

für 6 Personen

- 1 kg Fleisch
- 40 ml Olivenöl
- 40 ml Speiseöl
- ½ Teelöffel Salz
- 3 gepresste Knoblauchzehen
- 1 Teelöffel Paprikapulver
- 1 Teelöffel Ingwer
- 1 Teelöffel Pfeffer
- etwas Safranpulver
- 1 Tomate
- 1 Zwiebel
- 2 weiße Rüben
- 2 Kartoffeln
- 3 Karotten
- 2 Zucchini
- 2 Tassen Erbsen
- 250ml Wasser
- 1 Teelöffel gehackte Petersilie

Zubereitung :

Das Gemüse waschen und schälen. Die Tomaten entkernen und klein schneiden. Die Zwiebel in Ringe schneiden, die Rüben und Kartoffeln in Streifen. Die Karotten und Zucchini schälen und halbieren. Das Innere entfernen und in Streifen schneiden.

Das Fleisch mit dem Oliven- und Speiseöl in einem speziellen Tajine-Topf anbraten. Salz hinzufügen und unter Rühren anbräunen.

Knoblauch, Paprikapulver, Ingwer, Pfeffer und Safran zugeben und alle Zutaten gut miteinander verrühren. Das Wasser zugießen und im geschlossenen Topf weiter erhitzen, bis das Fleisch halb gar ist.

Das Gemüse vorsichtig über dem Fleisch verteilen. Die Erbsen sowie Petersilie zum Schluß darübergeben. Abgedeckt weitere 30 Minuten garen. Den Garpunkt gelegentlich überprüfen.

Tip:
Das Gericht kann auf Holzkohle zubereitet werden (die Garzeit verlängert sich dadurch). Kocht man es jedoch auf dem Gasherd, sollte man das Gefäß auf eine hitzeverteilende Metallplatte stellen.

Fleisch-Tajine mit Petersilie

für 6 Personen

- *1,5 kg Fleisch*
- *75 ml Öl*
- *2 Zwiebeln, gehackt*
- *Salz*
- *etwas Safranpulver*
- *½ Teelöffel Ingwer*
- *3 gepresste Knoblauchzehen*
- *1 l Wasser*
- *1 Zimtstange*
- *½ Teelöffel Paprikapulver*
- *2 Tassen Petersilie, gehackt*
- *1 Eßlöffel Zitronensaft*

zum Garnieren :

- *eingelegte Zitrone und rote Oliven*

Zubereitung :

Das Fleisch waschen und mit dem Öl und der Hälfte der Zwiebelstückchen auf kleiner Flamme in einem Topf erhitzen. Sobald die Zwiebelstückchen glasig werden, Salz, Safran, Ingwer und Knoblauch dazugeben. Das Fleisch anbräunen und dabei alle Zutaten gut miteinander verrühren. Das Wasser dazu gießen und abgedeckt etwa 40 Minuten kochen. Gegebenenfalls Wasser nachgießen.

Die restlichen Zwiebelstückchen, die Zimtstange, Paprikapulver, Petersilie und den Zitronensaft zugeben. Im geschlossenen Topf weitere 15 Minuten köcheln lassen.
Mit eingelegter Zitrone und roten Oliven garniert servieren.

Die Oliven können 5 Minuten pochiert werden, um die Säure zu vermindern.

Hähnchen-Tajine mit Kreuzkümmel

für 4-5 Personen

- *75 ml Speiseöl*
- *75 ml Olivenöl*
- *8 gepresste Knoblauchzehen*
- *Salz*
- *etwas Safranpulver*
- *ein paar Safranfäden*
- *3 Eßlöffel Kreuzkümmel*
- *5 Hähnchenkeulen oder ein ganzes Hähnchen, welches anschließend zerteilt wird*
- *150 ml Wasser*

als Beilage :

- *Pommes frites*

Zubereitung :

Das Speiseöl mit dem Olivenöl vermischen und zusammen mit Knoblauch, Salz, Safranpulver, Safranfäden und dem Kreuzkümmel in einen Topf geben. Die Hähnchenteile hineingeben und abgedeckt eine Stunde im Kühlschrank marinieren. Dann 5 Minuten erhitzen. Von Zeit zu Zeit umrühren.

Das Wasser zugießen und etwa 30 Minuten oder solange, bis das Hähnchen gar ist, bei mittlerer Hitze kochen.

Das Gericht mit Soße und Pommes frites servieren.

Hähnchen-Tajine mit Karotten

für 4-6 Personen

- *etwas Safranpulver*
- *1 Teelöffel Ingwer*
- *1 Teelöffel Pfeffer*
- *Salz*
- *75 ml Olivenöl*
- *75 ml Speiseöl*
- *1 Zwiebel, gehackt*
- *ein 1,5 kg schweres Hähnchen*
- *1 kg Karotten*
- *½ l Wasser*
- *rote Oliven*
- *½ eingelegte Zitrone*
- *1 Teelöffel gehackte Petersilie*

Zubereitung :

Safranpulver, Ingwer, Pfeffer, Salz sowie Oliven- und Speiseöl in einer Schale vermischen.

Das Hähnchen gründlich waschen, in 8 Teile zerschneiden und in einem Tajine-Topf über die Zwiebelstückchen verteilen. Mit der Öl-Gewürz-Mischung übergießen.

Die Karotten waschen und halbieren, um das Innere zu entfernen, dann in 5cm lange Streifen schneiden. Zum Hähnchen geben, das Wasser dazu gießen und abgedeckt etwa eine Stunde auf kleiner Flamme kochen. (Gegebenenfalls Wasser nachgießen.)

In den letzten 5 Minuten die roten Oliven und die eingelegte Zitrone zugeben. Mit gehackter Petersilie garniert servieren.

Hähnchen-Tajine mit Kichererbsen

für 4-5 Personen

- *2 Tassen eingeweichte* und geschälte Kichererbsen*
- *ein 1,5 kg schweres Hähnchen, tranchiert*
- *75 ml Öl*
- *1 Zwiebel, gehackt*
- *4 gepresste Knoblauchzehen*
- *Salz*
- *etwas Safranpulver*
- *1 Teelöffel Paprikapulver*
- *1 Teelöffel Pfeffer*
- *1 l Wasser*
- *1 rote Paprika*

Zubereitung :

Das Hähnchen bei mittlerer Hitze mit dem Öl, Zwiebel, Knoblauch, Salz, Safran, Paprikapulver und Pfeffer in einem Topf anbraten. Die geschälten Kichererbsen zugeben, von Zeit zu Zeit umrühren und das Wasser zugießen.

In geschlossenem Topf etwa 35 Minuten kochen, bis das Hähnchen und die Kichererbsen gar sind (gegebenenfalls Wasser nachgießen). Die rote Paprika in kleine Würfel schneiden und hinzufügen. Köcheln lassen und ein wenig Flüssigkeit übrig lassen.

***eingeweichte Kichererbsen:**
Die Kichererbsen werden am Vortag oder für einige Stunden ins Wasser gelegt, damit sie aufquellen.

Hähnchen-Tajine mit geklärter Butter (smen)

für 4-5 Personen

- *ein 1,5 kg schweres Hähnchen*
- *5 gepresste Knoblauchzehen*
- *Salz und Pfeffer*
- *2 Eßlöffel Zitronensaft*
- *2 Zwiebeln, gehackt*
- *75 ml Öl*
- *1 Teelöffel Ingwer*
- *1 Teelöffel geklärte Butter (smen)*
- *etwas Safranpulver*
- *ein paar Safranfäden*
- *1 l Wasser*
- *1 eingelegte Zitrone*
- *1 Eßlöffel Koriander, gehackt*
- *1 Eßlöffel Petersilie, gehackt*

Zubereitung :

Das gewaschene Hähnchen in einer Schüssel mit dem Knoblauch, Salz, Pfeffer und dem Zitronensaft marinieren. Abgedeckt eine Stunde lang an einem kühlen Ort ziehen lassen.

Das Hähnchen bei mittlerer Hitze in einem Topf mit den Zwiebelstückchen, Öl, Salz, Pfeffer, Ingwer, geklärter Butter, Safranpulver und-fäden anbraten. Von Zeit zu Zeit umrühren. Sobald das Hähnchen angebräunt ist, das Wasser zugießen.

Das Hähnchen im geschlossenen Topf garen lassen (etwa 35 Minuten). Eingelegte Zitrone, gehackte Petersilie und Koriander zugeben und ein wenig mitköcheln. Es sollte ein wenig Flüssigkeit übrigbleiben.

Hähnchen-Tajine mit Birnen

für 6 Personen

- *2 Zwiebeln, gehackt*
- *75ml Öl*
- *Salz*
- *1 Zimtstange*
- *etwas Safranpulver*
- *1 Teelöffel Ingwer*
- *1 Bund Koriander*
- *2 je 1,250 kg schwere Hähnchen*
- *¾ l (750ml) Wasser*

zum Einkochen der Birnen :

- *1 kg Birnen*
- *1 Eßlöffel Butter*
- *ein paar Zimtstangen*
- *1 Eßlöffel Orangenblütenwasser*
- *3 Eßlöffel Streuzucker*
- *4 Eßlöffel Honig*

zum Garnieren :

- *1 Eßlöffel Sesamkörner, geröstet*

Zubereitung :

Die Zwiebelstückchen, Öl, Salz, Zimtstange, Safranpulver, Ingwer und den Koriander in einen Topf geben. Mit dem Hähnchen bei mittlerer Hitze unter Rühren erwärmen, bis die Zwiebelstückchen glasig werden und alle Zutaten gut vermischt sind.

Das Wasser zugießen und abgedeckt etwa 35 Minuten kochen. Dabei den Garpunkt der Hähnchen überwachen.

In der Zwischenzeit die Birnen waschen, schälen und 8 Minuten pochieren. Abtropfen lassen, Butter, Zimtstangen, Orangenblütenwasser, Streuzucker und Honig zugeben. Von Zeit zu Zeit umrühren, bis die Birnen gar sind. Abkühlen lassen, halbieren und entkernen.

Hähnchen mit den eingekochten Birnenhälften auf einem Teller anrichten. Mit Soße übergießen und den Sesamkörnern bestreuen.

Hähnchen-Tajine mit eingekochten Äpfeln

für 4-5 Personen

- *ein 1,5 kg schweres Hähnchen*
- *75 ml Öl*
- *2 Zwiebeln, gehackt*
- *Salz*
- *½ Teelöffel Pfeffer*
- *etwas Safran-Pulver*
- *1 Teelöffel Ingwer*
- *1 Teelöffel Koriander, gemahlen*
- *½ l Wasser*
- *1 Zimtstange*
- *1 Eßlöffel Streuzucker*

zum Einkochen der Äpfel :

- *3 Äpfel*
- *250 ml Wasser*
- *1 Teelöffel Butter*
- *1 Zimtstange*
- *4 Eßlöffel Streuzucker*
- *etwas Zimt, gemahlen*

Zubereitung :

Das Hähnchen mit Öl, Zwiebelstückchen, Salz, Pfeffer, Safranpulver, Ingwer und gemahlenem Koriander bei mittlerer Hitze in einem Topf anbraten. Von Zeit zu Zeit umrühren. Wenn die Zwiebelstückchen glasig werden, das Wasser zugießen und 15 Minuten abgedeckt auf der Kochstelle lassen.

Die Zimtstange sowie den Streuzucker hinzufügen und in geschlossenem Topf weitere 20 Minuten kochen, bis das Hähnchen gar ist. Etwas Flüssigkeit zum Servieren übrig lassen.

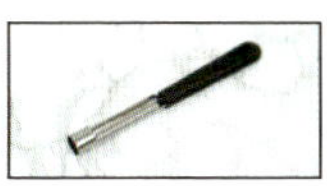

Die Äpfel zum Einkochen schälen und mit einem runden Messer entkernen. Dann in Scheiben schneiden. In 250 ml heißem Wasser 5 Minuten pochieren. Butter, Zimtstange und Streuzucker zugeben und unter Rühren einkochen.

Zum Servieren das Hähnchen auf einen Teller geben, mit Soße übergießen, mit Apfelscheiben garnieren und gemahlenem Zimt bestäuben.

Hähnchen-Tajine mit Pilzen

für 4-5 Personen

- *ein 1,5 kg schweres Hähnchen*
- *40 ml Öl*
- *1 Zwiebel, gehackt*
- *3 gepresste Knoblauchzehen*
- *Salz*
- *etwas Safranpulver*
- *ein paar Safranfäden*
- *1 Teelöffel Paprikapulver*
- *½ l Wasser*
- *1 Dose (140g) Pilze, geschnitten*
- *1 Eßlöffel Butter*
- *eine halbe Kartoffel, gerieben*
- *Öl zum Frittieren*

Zubereitung :

Das Hähnchen mit dem Öl, Zwiebelstückchen, Knoblauch, Salz, Safranpulver und -fäden sowie dem Paprikapulver bei mittlerer Hitze in einem Topf anbraten. Regelmäßig umrühren, bis die Zwiebeln glasig werden. Das Wasser zugießen und etwa 30 Minuten im geschlossenen Topf kochen, bis das Hähnchen gar ist.

Das Hähnchen wieder aus dem Topf nehmen und abtropfen lassen. Pilze, Butter und die geriebene Kartoffelhälfte zur Soße geben und auf kleiner Flamme köcheln lassen, ohne daß die Flüssigkeit komplett verdunstet.

Das Hähnchen vor dem Servieren von allen Seiten in heißem Öl anbräunen. Auf Küchenpapier abtropfen lassen und mit den Pilzen servieren.

weitere Möglichkeit:
Statt es zu frittieren, kann man das Hähnchen auch im Ofen braten.

Hähnchen-Tajine mit Aprikose und Ananas

für 4 Personen

- *2 Hähnchen, je 1 kg schwer*
- *75ml Öl*
- *2 Zwiebeln, gehackt*
- *4 gepresste Knoblauchzehen*
- *Salz*
- *1 Teelöffel Ingwer*
- *1 Stange Zimt*
- *etwas Safranpulver*
- *¾ l heißes Wasser*
- *2 Tassen getrocknete Aprikosen*
- *2 Tassen Ananas aus der Dose*

zum Garnieren :

- *geschälte, blanchierte, gehackte und geröstete Mandeln*

Zubereitung :

Die Hähnchen halbieren.

Hähnchen mit dem Öl, Zwiebelstückchen, Knoblauch, Salz, Ingwer, Zimtstange und Safranpulver bei mittlerer Hitze in einem Topf anbraten. Regelmäßig umrühren, bis die Zwiebeln glasig werden. Das heiße Wasser zugießen und in geschlossenem Topf etwa 20 Minuten kochen.

Die getrockneten Aprikosen 30 Minuten in Wasser quellen und anschließend abtropfen lassen.

Die Aprikosen und Ananasstücke kurz vor Ende der Garzeit zu den Hähnchen geben. Noch ein wenig köcheln lassen, ohne daß die Flüssigkeit vollständig verdunstet.

Hähnchen zum Servieren mit den Aprikosen und Ananas auf einem Teller anrichten und mit den gehackten Mandeln bestreuen.

Hähnchen-Tajine mit Pflaumen

für 4 Personen

- 4 Hähnchen
- 150 ml Öl
- 2 Zwiebeln, gehackt
- 4 gepresste Knoblauchzehen
- Salz
- 1 Teelöffel Ingwer
- etwas Safranpulver
- ein paar Safranfäden
- 1 Stange Zimt
- ¾ l Wasser

zum Einkochen der Pflaumen :
- ½ kg Pflaumen
- 3 Eßlöffel Streuzucker
- 1 Teelöffel Butter
- 1 Teelöffel Zimt, gemahlen
- 2 Zimtstangen

zum Garnieren :
- 2 kleine Tassen Mandeln (blanchiert, geschält und geröstet)
- 1 Eßlöffel Sesamkörner

Zubereitung :

Die Hähnchen mit dem Öl, Zwiebel, Knoblauch, Salz, Ingwer, Safranpulver und -fäden sowie der Zimtstange auf kleiner Flamme in einem Topf anbraten. Ab und zu rühren, bis die Zwiebeln glasig werden, dann das Wasser zugießen und das ganze in geschlossenem Topf etwa 25 Minuten kochen. Dabei den Garpunkt der Hähnchen überprüfen.

Die Pflaumen zum Einkochen in heißem Wasser pochieren und abtropfen lassen. Mit dem Zucker, Butter, Zimtstangen und -pulver auf kleiner Flamme in einem Topf erhitzen. Von Zeit zu Zeit umrühren.

Die Hähnchen auf einem Teller anrichten und mit Soße übergießen. Mit den eingekochten Pflaumen und Mandeln garnieren, mit Sesamkörnern bestreuen.

Hähnchen-Tajine "M'chermel"

für 4-5 Personen

- *ein 1,5 kg schweres Hähnchen*
- *75 ml Öl*
- *2 Zwiebeln, gehackt*
- *4 gepresste Knoblauchzehen*
- *Salz*
- *1 Teelöffel Ingwer*
- *etwas Safranpulver*
- *½ l Wasser*
- *2 Eßlöffel gehackte Petersilie*
- *1 Eßlöffel eingelegte Zitronenstückchen ohne Schale*

zum Garnieren :

- *rote Oliven*

Zubereitung :

Die Hähnchenteile mit dem Öl, Zwiebeln, Knoblauch, Salz, Ingwer und Safranpulver bei mittlerer Hitze in einem Topf anbraten. Von Zeit zu Zeit umrühren. Wenn die Zwiebelstückchen glasig werden und alle Zutaten gut vermischt sind, das Wasser zugießen und abgedeckt etwa 30 Minuten kochen. Dabei den Garpunkt der Hähnchen überprüfen.

Zum Schluß noch die gehackte Petersilie und die eingelegten Zitronenstückchen zugeben. Ein wenig mitköcheln und dabei etwas Flüssigkeit aufbewahren.

Hähnchen zum Servieren zusammen mit den roten Oliven auf einem Teller anrichten.

Garnelen-Tajine mit Zucchini

für 2 Personen

- *3 mittelgroße Tomaten*
- *4 Eßlöffel Öl*
- *4 gepresste Knoblauchzehen*
- *Salz und Pfeffer*
- *½ Teelöffel Kreuzkümmel*
- *½ Teelöffel Kurkuma*
- *1 Teelöffel Tomatenmark*
- *1 klein geschnittene Chilischote*
- *2 mittelgroße Zucchini*
- *1 Teelöffel frisch geriebener Ingwer*
- *1 Eßlöffel Zitronensaft*
- *500 g Garnelen ohne Schale*

zum Garnieren :

- *1 Teelöffel gehackte Petersilie*

Zubereitung :

Die Tomaten entstielen, schälen und entkernen. In kleine Würfel schneiden und in heißem Öl anbraten. Knoblauch, Salz, Pfeffer, Kreuzkümmel, Kurkuma, Tomatenmark und Chilistückchen hinzufügen. Kräftig umrühren, bis eine dickflüssige Soße entsteht.

Die Zucchini waschen, die Enden abschneiden und in 5cm lange Streifen schneiden. Mit der Tomatensoße zum Kochen bringen.

Den frisch geriebenen Ingwer, Zitronensaft und die Garnelen dazugeben. Unter Rühren etwa 10 Minuten köcheln lassen. Gegebenenfalls noch etwas Wasser zugießen.

Diese Tajine mit Petersilie bestreut servieren.

Tintenfisch-Tajine

für 4 Personen

- 1 kg Tintenfisch
- 4 gepresste Knoblauchzehen
- 4 Eßlöffel Öl
- 2 Lorbeerblätter
- Pfeffer und Salz
- etwas Safranpulver
- 1 Teelöffel Ingwer
- 250 ml Wasser
zum Garnieren :
- 1 Teelöffel gehackte Petersilie
- 1 hartgekochtes Ei

Zubereitung :

Tintenfisch waschen und in gleich große Vierecke schneiden.

Knoblauch bei mittlerer Hitze in einem Topf im Öl erhitzen. Lorbeerblätter, Tintenfisch, Salz, Pfeffer, Safranpulver und Ingwer zugeben. Umrühren und das Wasser dazu gießen. In geschlossenem Topf etwa 15 Minuten kochen, bis der Tintenfisch gar ist. Ein wenig Flüssigkeit zum Servieren aufbewahren.

Zum Servieren mit Petersilie und geriebenem Ei bestreuen.

Tip:
Die Garzeit hängt von der Größe der Tintenfischstücke ab.

Meeraal-Tajine mit Zwiebeln und Rosinen

für 5-6 Personen

- *1 Zwiebel, gerieben*
- *2 Teelöffel geklärte Butter (smen)*
- *Pfeffer und Salz*
- *ein paar Safranfäden*
- *1 ½ kg Meeraalstücke*
- *3 Zwiebeln, gehackt*
- *75 ml Öl*
- *1 Teelöffel Kurkuma*
- *1 Stange Zimt*
- *250 g Rosinen*
- *1 Eßlöffel Streuzucker*
- *1 Teelöffel Zimt, gemahlen*

Zubereitung :

Die geriebene Zwiebel, 1 Teelöffel geklärte Butter (smen), Pfeffer, Salz und Safranfäden in einer Salatschüssel vermischen. Die Fischstücke hineingeben und eine Stunde an einem kühlen Ort marinieren.

Die Zwiebelstückchen mit dem Öl, Pfeffer, Salz, Safranfäden, Kurkuma, 1 Teelöffel geklärte Butter (smen), Zimtstange und Rosinen bei mittlerer Hitze in einem Topf anbraten, bis die Zwiebeln glasig werden. Regelmäßig umrühren.

Den Fisch, Zucker und Zimtpulver zugeben. Weiter rühren. 20 Minuten garen. Den Fisch mit den Zwiebeln und Rosinen anrichten und mit Soße übergossen servieren.

Fisch-Tajine mit Pilzen

für 3-4 Personen

- *750 g Seeteufel-Filet*
- *100 g Butter*
- *4 gepresste Knoblauchzehen*
- *Pfeffer und Salz*
- *½ Teelöffel Currypulver*
- *ein wenig Sellerie*
- *½ rote Paprika, in Würfel geschnitten*
- *½ grüne Paprika, in Würfel geschnitten*
- *½ gelbe Paprika, in Würfel geschnitten*
- *1 Dose (140g) ganze Pilze*

zum Garnieren:

- *1 Teelöffel gehackte Petersilie*

Zubereitung :

Seeteufel waschen und und in mittelgroße Stük-ke schneiden.

Die Seeteufelstücke mit der Butter, Knoblauch, Pfeffer, Salz und Curry auf kleiner Flamme in einer Pfanne erhitzen. Vorsichtig umrühren.

Die Sellerieblätter, Paprikawürfel und Pilze zugeben. Alles verrühren, abdecken und etwa 15 Minuten auf kleiner Flamme weitergaren. Den Fisch heiß und mit Petersilie bestreut servieren.

Fisch-Tajine mit Paprika

für 5 Personen

- *1 ½ kg Wittlinge, groß*
- *1 Zwiebel, in Ringe geschnitten*
- *2 Tomaten, in Scheiben geschnitten*
- *½ rote Paprika*
- *½ grüne Paprika*
- *½ orangefarbene Paprika*
- *ein Zitronenscheibe*
- *150 ml Wasser*

Charmoula :

- *5 Eßlöffel Petersilie und Koriander, gehackt*
- *½ Teelöffel Salz*
- *½ Teelöffel Pfeffer*
- *1 Teelöffel Paprikapulver*
- *1 Teelöffel Kreuzkümmel*
- *5 gepresste Knoblauchzehen*
- *Saft einer halben Zitrone*
- *150 ml Olivenöl-Speiseöl-Mischung*

Zubereitung :

Charmoula :
Koriander, Petersilie, Salz, Pfeffer, Paprika, Kreuzkümmel, Knoblauch, Zitronensaft und die Öl-Mischung in einer großen Schüssel vermischen.

Die Köpfe der Wittlinge entfernen, waschen und in Darne-Scheiben schneiden. Eine Stunde lang an einem kühlen Ort in der Charmoula marinieren.

Tomaten und Zwiebelringe in einen Tajine-Topf geben. Die Wittling-Scheiben darüber legen und die restliche Charmoula darüber gießen. Die Paprika in Streifen schneiden, vorsichtig in den Tajine-Topf geben und eine Zitronenscheibe in die Mitte legen. Das Wasser hinzugießen und bei mittlerer Hitze 30 Minuten garen.

Fisch-Tajine mit eingekochten Tomaten

für 4 Personen

- *eine Rotbrasse, 1,5 kg schwer*

Charmoula :

- *5 Eßlöffel Koriander und Petersilie, gehackt*
- *½ Teelöffel Salz*
- *½ Teelöffel Pfeffer*
- *1 Teelöffel Paprika-Pulver*
- *1 Teelöffel Kreuzkümmel*
- *5 gepresste Knoblauchzehen*
- *Saft einer halben Zitrone*
- *150 ml Oliven-Speiseöl-Mischung*

zum Einkochen der Tomaten :

- *750g Tomaten*
- *½ Zwiebel, gerieben*
- *2 Eßlöffel Öl*
- *Pfeffer und Salz*
- *1 Teelöffel Zimt, gemahlen*
- *3 Eßlöffel Streuzucker*
- *ein paar Walnusskerne*

Zubereitung :

Charmoula :
Koriander, Petersilie, Salz, Pfeffer, Paprikapulver, Kreuzkümmel, Knoblauch, Zitronensaft und die Öl-Mischung in einer großen Schüssel vermischen.

Die Flossen des Fischs entfernen, ihn ausnehmen und abspülen. Den Fisch auf ein tiefes Blech legen und mit der Charmoula bestreichen. Etwa eine Stunde an einem kühlen Ort marinieren. Im vorgeheizten Ofen bei 180°C etwa 30 Minuten garen.

In der Zwischenzeit die Tomaten schälen und klein schneiden. Mit geriebener Zwiebel, dem Öl, ein wenig Pfeffer, Salz, Zimtpulver und Zucker bei mittlerer Hitze in einer Pfanne erhitzen. Regelmäßig umrühren, bis eine dickflüssige Soße entsteht.

Den Fisch mit den eingekochten Tomaten anrichten und mit Walnüssen garnieren.

Fisch-Tajine mit Fenchel und Knollensellerie

für 4 Personen

- *1 kg Umberfisch*
- *½ kg Fenchel*
- *1 Knolle Sellerie*
- *2 Karotten*

Charmoula :

- *5 Eßlöffel Koriander und Petersilie, gehackt*
- *½ Teelöffel Salz*
- *½ Teelöffel Pfeffer*
- *1 Teelöffel Paprikapulver*
- *1 Teelöffel Kreuzkümmel*
- *etwas Safranpulver*
- *5 gepresste Knoblauchzehen*
- *Saft einer halben Zitrone*
- *150 ml Oliven- und Speiseöl*
- *75 ml Wasser*

Zubereitung :

Charmoula :
Koriander, Petersilie, Salz, Pfeffer, Paprikapulver, Kreuzkümmel, Safranpulver, Knoblauch, Zitronensaft, Oliven- und Speiseöl in einer großen Schüssel vermischen. Die Fischstücke einige Minuten lang an einem kühlen Ort darin marinieren.

Fenchel und Selleriewurzel waschen und schälen. Jeweils in 8 Teile schneiden, wie auf dem Foto abgebildet

Die Karotten schälen, waschen und in Scheiben schneiden. In einen Tajine-Topf geben und den marinierten Fisch darüber verteilen.

Die Fenchel- und Sellerieteile darüber verteilen. Die restliche Charmoula mit dem Wasser vermischen und über das Gemüse gießen. 30 Minuten garen. (Gegebenenfalls Wasser nachgießen.)

Fisch-Tajine mit Kartoffeln und Paprika

für 4 Personen

- 1 Zwiebel, in Ringe geschnitten
- 2 Tomaten, in Scheiben geschnitten
- 2 Kartoffeln, in Scheiben geschnitten
- 2 Fische, je 750g schwer
- ½ grüne Paprika
- ½ rote Paprika
- ½ gelbe Paprika
- ½ Zitrone, in Scheiben geschnitten

Charmoula :
- 5 Eßlöffel Koriander und Petersilie, gehackt
- ½ Teelöffel Salz
- ½ Teelöffel Pfeffer
- 1 Teelöffel Paprikapulver
- 1 Teelöffel Kreuzkümmel
- etwas Safranpulver
- 5 gepresste Knoblauchzehen
- Saft einer halben Zitrone
- 150ml Oliven- und Speiseöl

Zubereitung :

Charmoula :
Koriander, Petersilie, Salz, Pfeffer, Paprikapulver, Kreuzkümmel, Safranpulver, Knoblauch, Zitronensaft, Oliven- und Speiseöl in einer großen Schüssel vermischen.

Die Zwiebelringe, Tomaten- und Kartoffelscheiben in einer Auflaufform verteilen. Darauf den Fisch legen und die Charmoula darübergießen.

Paprika waschen und in halbe Ringe schneiden. über den Fisch verteilen und das Ganze noch mit Zitronenscheiben garnieren. Im vorgeheizten Ofen bei mittlerer Hitze etwa 30 Minuten garen.

Heiß servieren.

Rotbarben-Tajine mit Zwiebeln und Tomaten

für 2 Personen

- *2 Zwiebeln, gehackt*
- *4 Eßlöffel Olivenöl*
- *3 geschälte Tomaten, fein gewürfelt*
- *½ Teelöffel Zimt, gemahlen*
- *½ Teelöffel Koriander, gemahlen*
- *½ Teelöffel Kreuzkümmel*
- *½ Teelöffel Kurkuma*
- *ein paar Safranfäden*
- *Salz*
- *4 Rotbarben, mittelgroß*
- *1 Eßlöffel eingelegte Zitrone, gewürfelt*
- *1 Eßlöffel Petersilie, gehackt*
- *2 Tassen grüne Oliven, entsteint*

Zubereitung :

Die Zwiebelstückchen auf kleiner Flamme im Öl anschwitzen. Die Tomatenwürfel, Zimtpulver, gemahlenen Koriander, Kreuzkümmel, Kurkuma, Safranfäden und Salz hinzufügen. Alle Zutaten zu einer homogenen Masse verrühren. Die Flüssigkeit sollte vollständig verdunsten.

Den Fisch über dieser Masse verteilen und abgedeckt 20 Minuten kochen. In den letzten 5 Minuten die Zitronenwürfel, gehackte Petersilie und grüne Oliven zugeben.

Heiß servieren.

Fisch-Tajine mit Oliven

für 4-5 Personen

- *1 Teelöffel Paprikapulver*
- *1 Teelöffel Kreuzkümmel*
- *1 Teelöffel Koriander, gemahlen*
- *Pfeffer und Salz*
- *Saft einer halben Zitrone*
- *1 ½ Eßlöffel gehackter Koriander*
- *1 ½ Eßlöffel gehackte Petersilie*
- *6 gepresste Knoblauchzehen*
- *150 ml Olivenöl*
- *1 kg Darnen von weißem Fisch*
- *2 kleine Tassen grüne Oliven, entsteint*

Zubereitung :

Charmoula :
Paprikapulver, Kreuzkümmel, gemahlenen Koriander, Pfeffer, Salz, Zitronensaft, gehackten Koriander, gehackte Petersilie, gepresste Knoblauchzehen und Olivenöl in einer großen Schüssel vermischen.

Den Fisch in einer Auflaufform auslegen und mit der Charmoula bestreichen.

Mit Alufolie abdecken und eine Stunde in den Kühlschrank stellen. Im vorgeheizten Ofen bei mittlerer Hitze 15 Minuten garen. Die Alufolie abnehmen, die grünen Oliven zugeben und weitere 5 Minuten in den Ofen stellen, bis der Fisch goldbraun ist.

Heiß servieren.

Inhaltsverzeichnis

Fleisch-Tajines

Fleisch-Tajine mit Mandeln 2
Fleisch-Tajine mit Zwiebeln und Rosinen 4
Fleisch-Tajine mit gehackten grünen Oliven (Meslalla) 6
Fleisch-Tajine mit Blumenkohl .. 7
Fleisch-Tajine mit Wildartischocken 8
Fleisch-Tajine mit Zwiebeln und Tomaten 10
Fleisch-Tajine mit Erbsen und Karotten 11
Fleisch-Tajine mit Fenchel 12
Fleisch-Tajine mit Saubohnen 13
Fleisch-Tajine mit Karden (Guernina) 14
Fleisch-Tajine mit Auberginen 16
Fleisch-Tajine mit Paprika 18
Fleisch-Tajine "kedra" 20
Fleisch-Tajine mit Datteln 21
Fleisch-Tajine mit kleinen Quitten (lquim) und Okraschoten (mlokhiyas) 22
Tajine "Essaouira" mit siebenerlei Gemüse 24
Fleisch-Tajine mit Petersilie 26

Geflügel-Tajines

Hähnchen-Tajine mit Kreuzkümmel 27
Hähnchen-Tajine mit Karotten.. 28
Hähnchen-Tajine mit Kichererbsen 30
Hähnchen-Tajine mit geklärter Butter (smen) 31
Hähnchen-Tajine mit Birnen 32
Hähnchen-Tajine mit eingekochten Äpfeln 34
Hähnchen-Tajine mit Pilzen 36
Hähnchen-Tajine mit Aprikose und Ananas 38
Hähnchen-Tajine mit Pflaumen 40
Hähnchen-Tajine "M'chermel"... 42

Fisch-Tajines

Garnelen-Tajine mit Zucchini .. 44
Tintenfisch-Tajine 46
Meeraal-Tajine mit Zwiebeln und Rosinen 48
Fisch-Tajine mit Pilzen 50
Fisch-Tajine mit Paprika 52
Fisch-Tajine mit eingekochten Tomaten..54
Fisch-Tajine mit Fenchel und Knollensellerie 56
Fisch-Tajine mit Kartoffeln und Paprika 58
Rotbarben-Tajine mit Zwiebeln und Tomaten 60
Fisch-Tajine mit Oliven 62